L A G R A N D E I M A G E R I E

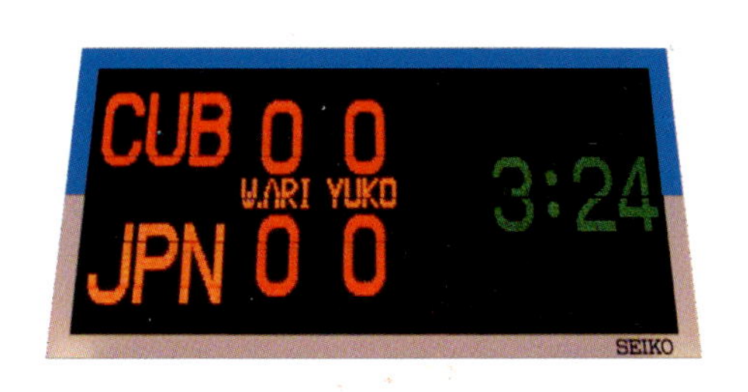

LE JUDO

Conception
Jack BEAUMONT

Texte
Sylvie DERAIME

Dessins
Philippe MARIN

Nous remercions pour leur collaboration la Fédération française de judo ainsi que Laurent Martinetti, professeur de judo, et Christian Dyot, ancien entraîneur national au sein de la Fédération française de judo.

FLEURUS ÉDITIONS, 15-27, rue Moussorgski, 75018 PARIS
www.editionsfleurus.com

UN ART MARTIAL VENU DU JAPON

Le judo, que des millions de personnes pratiquent aujourd'hui à travers le monde, est un héritage du Japon des samouraïs. Ces guerriers au service des anciens seigneurs japonais utilisaient de nombreuses techniques de combat : les arts martiaux, ou arts de la guerre.
À la fin du XIXe siècle, Jigoro Kano, un Japonais petit et chétif, s'inspira de ces pratiques ancestrales pour fonder le judo. Il voulait ainsi que les moins forts puissent aussi développer leur corps et leur esprit à travers ces techniques.

力

用

Cet idéogramme signifie « efficacité maximum » ou encore « le meilleur usage de l'énergie ».

Le ju-jitsu, ancêtre du judo

Le ju-jitsu, qui a servi de base à la méthode inventée par Jigoro Kano, regroupe un ensemble de techniques de combat à mains nues. Pratiqué à l'origine par les samouraïs, il avait pour but ultime d'anéantir l'adversaire. À partir de 1860, lorsque le Japon est devenu un État moderne, les seigneurs et leurs conflits ont disparu.
Les samouraïs n'avaient plus leur place dans la société japonaise. Le ju-jitsu a dès lors été enseigné plutôt comme une méthode d'autodéfense. Il est toujours pratiqué, au Japon comme dans de nombreux autres pays.

Contre la loi du plus fort

Jigoro Kano, né en 1860, n'a jamais été bien grand ni très fort. À 17 ans, il mesurait 1,50 m et pesait moins de 50 kg. Un jour, lassé d'être toujours bousculé et houspillé par ses camarades de l'université de Tokyo, il s'est inscrit dans une école de ju-jitsu. Mais dans cet art martial, c'était encore la loi du plus fort qui prévalait. Tout en s'inspirant des enseignements des maîtres japonais anciens, Jigoro Kano a créé sa propre méthode d'entraînement et de combat : les prises mises au point devaient permettre aux moins costauds de vaincre leur adversaire en faisant preuve de souplesse. C'est pourquoi Kano a baptisé son invention « judo », qui veut dire « voie de la souplesse ».

Les samouraïs étaient des guerriers japonais d'autrefois qui, bien qu'armés de sabres et de poignards, devaient maîtriser la lutte à mains nues et s'exercer au ju-jitsu.

Démonstration de ju-jitsu en 1905, en France, avant que le judo ne s'y développe.

Jigoro Kano

Mikinosuke Kawaishi

Un sport national

En 1882, maître Kano ouvrait la première école de judo à Tokyo. Il a commencé avec six élèves. Dix ans plus tard, il en comptait plus de 600 et le judo, comme d'autres sports, était devenu obligatoire du collège à l'université. Tout en formant des judokas, maître Kano participait à des compétitions, dans lesquelles il brillait. Il s'est aussi consacré toute sa vie à la diffusion du judo hors de son pays. À sa mort, en 1938, on dénombrait alors 120 000 judokas au Japon.

Jean-Luc Rougé fut le premier Français champion du monde de judo. Il remporta le titre en 1975 dans la catégorie des mi-lourds.

Des tatamis dans le monde entier

Dès le début du XXe siècle, le judo a été pratiqué en Europe, en Allemagne d'abord, dès 1906, puis en Italie, en Belgique, en Autriche… Les Français préféraient d'autres sports de combat comme la lutte, la boxe ou l'escrime. Mais, en 1935, un judoka japonais, maître Mikinosuke Kawaishi, est venu en France pour faire connaître la voie de la souplesse. Sous son impulsion, le judo s'y est développé. En 1946, la Fédération française de judo, rassemblant les clubs du pays, est créée ; deux ans plus tard, une fédération européenne voyait le jour. La France alignait bientôt sur les tatamis de compétition d'excellents judokas, tout comme d'autres pays du monde, tels que Cuba, en Amérique centrale.

LE CORPS ET L'ESPRIT

Comme dans tous les arts martiaux, le but d'un combat de judo est de faire tomber et d'immobiliser l'adversaire. Mais, même dans le Japon des samouraïs, où la lutte s'achevait par la mort d'un des combattants, la pratique des arts martiaux a toujours eu deux autres objectifs : développer le corps et maîtriser l'esprit. Cela n'a pas changé. Si on choisit de pratiquer le judo, à force d'entraînement, on progressera techniquement, mais on découvrira aussi que l'on évolue moralement.

Ci-joint, l'idéogramme signifiant « entraide et prospérité mutuelle. »

Le secret du judo

Si le judoka gagne en force d'année en année, ce n'est pas ce qui compte le plus. Pour déséquilibrer son adversaire et le projeter au sol, avant de l'immobiliser, le combattant utilise en réalité la force de l'autre. C'est cela, le secret du judo. Maître Jigoro Kano, le fondateur, l'exprimait par une maxime : « Le minimum d'effort pour le maximum d'efficacité. »

Le salut

Au judo, on salue debout, en montant sur le tatami. Au début et à la fin du cours, le salut se fait à genoux. Après chaque exercice, on salue également son professeur et ses partenaires. Le salut est une façon de souligner l'une des valeurs du judo : la politesse.

Les judokas se déplacent sur le tatami en faisant glisser leurs pieds, un peu comme lorsqu'on fait des pas chassés. Le corps doit être équilibré et souple.

Le mot « judo », représenté par cet idéogramme, signifie « voie de la souplesse ».

L'esprit du judo

Lorsqu'on entre pour la première fois dans un dojo, la salle où se pratique le judo, on est frappé par la discipline et le silence qui y règnent… même quand ce sont des enfants qui s'entraînent. Le professeur exige le calme et la concentration : ce sont deux qualités indispensables pour bien comprendre ses enseignements. Cela demande un peu d'effort, mais les jeunes qui pratiquent s'aperçoivent très vite que non seulement ils progressent au judo, mais qu'ils sont aussi plus attentifs en classe. Ne pas se décourager tout de suite face à la difficulté ou à la fatigue est une autre qualité que développe le judoka, et qui est très utile dans la vie. Le judoka apprend aussi à accepter la défaite. Au lieu de ruminer sa déception, il saura tirer les leçons d'un combat perdu pour mieux combattre la fois suivante.

Les qualités physiques

Le bon judoka est celui qui fait preuve de souplesse, d'agilité et d'adresse. Il lui faut aussi être énergique, rapide et précis dans l'exécution des prises. Si les projections au sol peuvent être rudes, l'affrontement n'est jamais violent. On ne se bagarre pas et la règle d'or est de ne jamais faire mal à l'autre, ni à soi-même d'ailleurs ! Enfin, un judoka n'utilise pas les prises qu'il connaît en dehors du tatami, le tapis sur lequel on s'entraîne et on combat.

Un sport tactique

Tout cela pourrait sembler un peu ennuyeux. Mais le judo est un sport passionnant où l'on utilise les prises connues (voir les pages 16 à 21) et les qualités physiques et mentales développées pour amener l'adversaire là où on veut, malgré lui. C'est un jeu tactique où le vainqueur est souvent celui qui a su placer les bons gestes au bon moment. Cela demande intelligence et esprit de décision.

LE COMBAT

En compétition, le judoka remporte la victoire parfaite lorsqu'il marque « ippon » : cela signifie qu'il a vaincu l'adversaire grâce à une technique impeccable. Il peut aussi gagner en additionnant les points chaque fois qu'il prend l'avantage sur l'autre combattant. Dans tous les cas, il est jugé sur la manière dont la technique de projection ou de contrôle au sol a été mise en œuvre. Les combattants doivent aussi connaître et respecter les règles encadrant le déroulement du combat de judo.

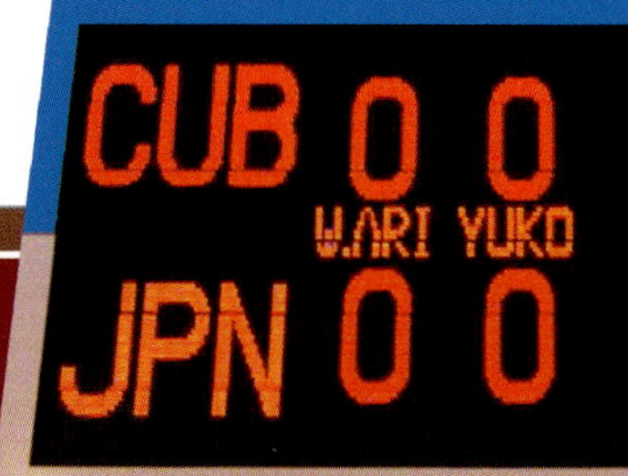

L'arbitre central

Debout, il se déplace en même temps que les combattants. Il dirige le combat et en surveille le bon déroulement : il en ordonne le début et la fin, sépare les adversaires au terme de chaque assaut. Il peut arrêter et faire reprendre le combat s'il l'estime nécessaire pour la sécurité des combattants. Il indique d'un geste du bras quel point a été marqué et par qui ; il juge des fautes commises. Les deux juges de coin sont là pour l'assister.

Les juges de coin

Ils sont assis à deux coins opposés de la surface de combat. Leur rôle est double. Ils jugent de la validité d'une action menée par un combattant selon qu'elle a été ou non exécutée dans les limites de la surface de combat. Ils participent également aux décisions d'arbitrage, qui doivent être prises à la majorité. S'ils sont tous deux en désaccord avec l'arbitre central, celui-ci est obligé de modifier sa décision.

Les tatamis

La surface de combat est un carré de 10 m de côté formé par des tatamis d'une couleur unie. Cette surface est encadrée sur tous les côtés par des tatamis d'une couleur différente. Quand les deux combattants sont debout ou que le combat est en phase d'évolution au sol, un des deux adversaires doit avoir au moins un appui (un pied, un genou...) dans la zone de combat, sinon l'arbitre interrompt l'action. En phase de contrôle au sol, les deux judokas peuvent sortir complètement de la zone de combat.

Les combattants

Avant le début du combat, les arbitres jugent de la tenue et de l'hygiène des combattants. Ils portent le judogi (la tenue de judo) et combattent pieds nus. En dehors du tatami, ils gardent les pieds propres en chaussant des *zori*, sortes de tongs. Il leur est interdit de porter des bijoux ou tout autre objet métallique ou dur qui pourrait blesser. C'est un motif de disqualification.

Les commissaires

Installés à une table, ils ont plusieurs rôles. L'un chronomètre le combat, dont la durée varie de 3 à 5 minutes ; il stoppe le chronomètre lorsqu'il y a une interruption ou compte le temps d'immobilisation. Un autre inscrit les points au tableau de marque. D'autres commissaires se chargent de l'inscription et de la pesée des concurrents avant le combat, décident de l'ordre et de l'enchaînement des combats et appellent les judokas.

Qui gagne ?

Lorsque l'arbitre annonce « *ippon* », le combat est gagné. Pour obtenir cette marque, qui vaut 10 points, il faut réaliser une projection parfaite de l'adversaire ou l'immobiliser au sol pendant 30 secondes, ou encore obtenir son abandon à la suite d'une clé de bras ou d'un étranglement. *Waza ari* vaut 7 points : la projection est presque parfaite ou l'adversaire a été immobilisé pendant 25 secondes. Deux *waza ari* valent un *ippon*. L'arbitre peut accorder des avantages : *yuko*, gros avantage, vaut 5 points.

Le langage des arbitres

L'arbitre communique ses décisions et informe les combattants, les juges de coin, les commissaires sportifs et les spectateurs du déroulement du combat, au moyen de gestes et de quelques mots… le plus souvent en japonais. Voici quelques exemples :

1. **Hajimé** (bras le long du corps) : Commencez !
2. **Matté** (bras tendu, paume vers l'avant, en direction des commissaires) : Arrêtez !
3. **Osaé komi** (bras tendu, paume vers le bas, en direction des combattants) : début d'immobilisation
4. **Tokéta** (geste du bras qui balaie) : sortie d'immobilisation
5. **Yuko** (main à 45° vers le tapis) : l'adversaire projeté a atterri sur le côté et non sur le dos, ou son immobilisation a duré 20 à 24 sec.
6. **Waza ari** : la technique de projection est bien faite mais pas parfaite ou l'immobilisation n'est pas suffisamment longue pour valoir *ippon*.
7. **Ippon** : (bras à la verticale) : Vainqueur : geste du bras levé désignant le vainqueur.
8. **Shido** (pénalité) : l'arbitre montre du doigt le fautif. Un des combattants a commis une faute (comme placer un bras ou une jambe sur le visage de son adversaire). Le fautif cède un avantage à son adversaire. Après 3 shido, il est éliminé.
9. **Kachi** (bras levé, paume tendue vers le vainqueur) : l'arbitre désigne par ce geste celui qui a gagné le combat.

UN APPRENTISSAGE PROGRESSIF

Plus d'un demi-million de personnes adhèrent à la Fédération française de judo, de ju-jitsu, de kendo et des disciplines associées, qui gère 5600 clubs dans le pays. Les dojos sont les salles où l'on peut pratiquer le judo avec un professeur diplômé. Les enfants peuvent commencer dès l'âge de 4 ou 5 ans, avec un éveil au judo. Dès lors, chaque année, un examen mesure les progrès réalisés et permet d'obtenir un nouveau grade, symbolisé par une ceinture de couleur.

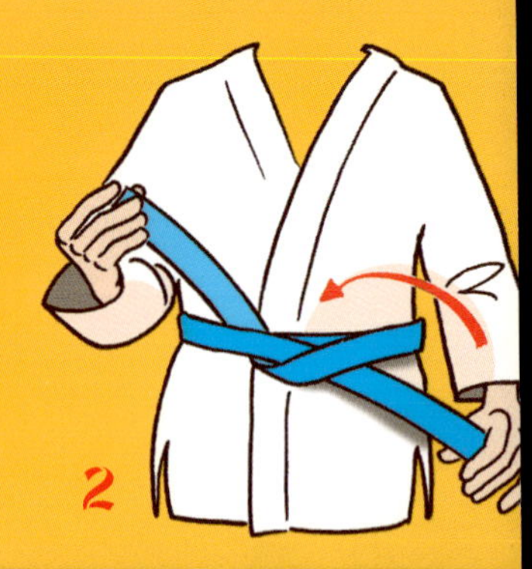

Nouer sa ceinture

Avant toute chose, le professeur apprend aux élèves à nouer leur ceinture. Cela peut paraître un détail mais c'est la ceinture qui tient la veste du judogi. Or cette veste est en quelque sorte un outil du judoka puisque c'est grâce à elle qu'on saisit l'adversaire. Lors d'une compétition, l'arbitre peut demander à un judoka de remettre son judogi correctement .

La tenue

Les judokas portent le judogi, un ensemble en grosse toile composé d'une veste croisée sans boutons, tenue par la ceinture, et d'un pantalon. Le judogi est habituellement blanc mais, lors des compétitions nationales et internationales, l'un des deux combattants doit porter une tenue bleue, qui le distingue de son adversaire. Dans les compétitions à un niveau moins élevé, c'est la couleur de la ceinture, blanche ou rouge, qui différencie les combattants. Pour accéder au tatami, on porte les *zori*, une sorte de tongs que l'on ôte avant le combat.

Progression des couleurs des ceintures selon le niveau :

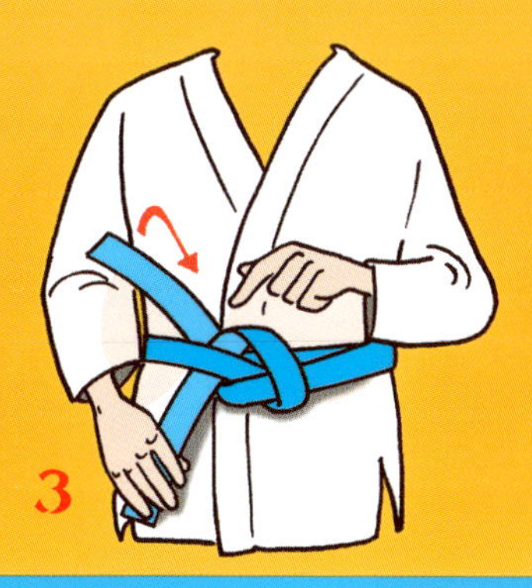

1. *Placer le pan gauche de la veste sur le droit ; prendre la ceinture en son milieu, devant soi et à plat sur le ventre. Faire un tour de taille par l'arrière, ramener les deux bouts devant soi.*
2. *Passer le bout gauche sous la ceinture plaquée sur le ventre en tirant vers le haut.*
3. *Faire un nœud plat sur l'avant.*
4. *Serrer.*
5. *La ceinture ainsi nouée ne gênera pas pendant les prises.*

L'entraînement

Après un échauffement et des exercices pour apprendre à se déplacer et à garder son équilibre, le professeur fait avec un élève la démonstration d'une technique. Deux par deux, les élèves s'exercent ensuite à la reproduire. L'un exécute le mouvement, l'autre doit se laisser faire. La situation est différente lors d'un *randori* : il s'agit d'un combat d'entraînement au cours duquel chacun des deux partenaires tente de mettre en pratique ce qu'il a appris pour marquer des points. C'est généralement le moment que les élèves préfèrent !

À chaque ceinture son niveau

La ceinture noire est la plus prestigieuse, c'est celle que portent les champions et le plus souvent aussi les professeurs. Mais, avant de la décrocher, il faut franchir neuf grades pour les enfants et six pour les adultes. Le débutant, quel que soit son âge, est ceinture blanche. Ensuite, pour passer d'une ceinture à l'autre, le judoka doit faire devant son professeur et ses camarades une démonstration des techniques apprises. Il lui est aussi demandé de connaître le vocabulaire du judo.

LES BASES

Avant de découvrir les techniques de combat, il faut apprendre à bien placer son corps. C'est essentiel pour avoir la stabilité et la souplesse nécessaires dans les déplacements comme dans les diverses actions. Maîtriser l'art de la chute est également une priorité : les tatamis sont certes épais, mais il faut savoir tomber et faire tomber l'autre sans se blesser ! On dit même parfois qu'un bon judoka se reconnaît à la qualité de ses chutes.

Chute avant

Les chutes : *ukemi waza*

Le combat de judo commence debout et se poursuit par une projection au sol. Le judoka peut tomber en arrière, sur le côté ou en avant. Dans tous les cas, le dos doit être toujours rond et la tête

Chute arrière

Les déplacements

Le combat de judo est très mobile : on attaque, on esquive, on tourne. Il s'agit de tirer avantage des mouvements et des déplacements de l'autre.

Afin d'être bien stable sur ses pieds, le judoka fléchit les jambes écartées. Il y a deux manières de se déplacer. Le pas glissé, ou chassé, est utilisé pour aller en avant, en arrière et sur les côtés.

On avance un pied puis le second vient prendre la place du premier. Pour se déplacer vers l'avant ou l'arrière, on peut aussi avancer normalement, un pied devant l'autre.

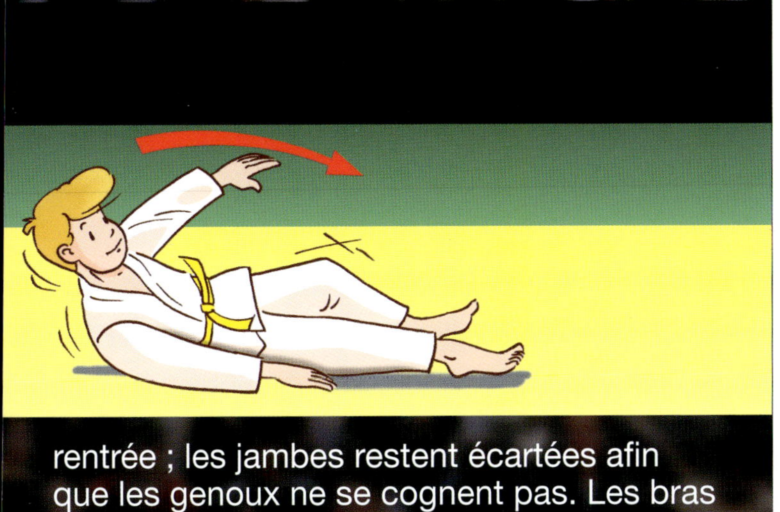

rentrée ; les jambes restent écartées afin que les genoux ne se cognent pas. Les bras accompagnent le mouvement et viennent frapper le sol, de l'arrière de l'épaule à la paume de la main, très fort, pour amortir le choc et aider à se relever rapidement.

Chute de côté

Faire chuter l'autre

Une projection réussie exige évidemment que l'attaquant sache bien projeter, mais aussi que l'adversaire chute correctement. La règle est de retenir celui-ci par la manche qui va vers le tatami et de ne pas tomber sur lui. Cela évite les blessures et permet de continuer le combat au sol, sans interruption : en le tenant, on peut plus facilement le contrôler.

Les saisies

Quand le combat commence, les combattants se saisissent par le judogi, mais pas n'importe comment ! Si on est droitier, la main droite attrape le revers de la veste de son partenaire et se referme sur celui-ci. Selon les techniques, elle peut se déplacer du col jusqu'au niveau de la ceinture. La main gauche tient la manche par l'extérieur, emprisonnant un morceau de tissu, en général au niveau de l'avant-bras, mais elle peut remonter. Il est en revanche interdit de saisir l'intérieur de la manche. Pour les gauchers, les mains s'inversent.

Droitier-droitier

Gauchère-droitière

LES TECHNIQUES DEBOUT

Un combat de judo commence toujours debout. Pour mettre son adversaire au sol, le judoka utilise l'une des nombreuses techniques de projection *tachi waza*, en japonais. Elles sont regroupées en familles selon la partie du corps sollicitée : jambes, bras ou épaules, et hanches. En voici quelques-unes en images. Pour les expliquer plus facilement, on met généralement en scène deux personnages : Tori, l'attaquant, et Uké, celui qui est attaqué.

Les techniques de jambes : ashi waza

1) O soto gari

Le « grand fauchage extérieur » s'apprend dès la ceinture blanche. Comme les différentes techniques de jambes, o soto gari se pratique avec une jambe en appui, l'autre servant à l'attaque. Tori, placé face à son partenaire, fauche la jambe droite d'Uké par-derrière avec sa propre jambe droite.

Les techniques de bras ou d'épaules : te waza

1) Ippon seoi nagé

Comme toutes les techniques de cette famille, la projection d'épaule par un seul côté s'effectue avec les deux pieds au sol. Elle est plus facile à réaliser quand Uké avance. Tori pivote sur ses pieds. En même temps, il engage son bras sous celui d'Uké puis s'abaisse. Il charge Uké sur ses épaules en tendant les jambes et en penchant son buste.

2) Moroté seoi nagé

Pour réaliser cette « projection d'épaule par les deux mains », Tori déséquilibre Uké en le tirant vers le haut et l'avant. Il pivote devant Uké, sans le lâcher, et place son avant-bras, coude plié, sous l'aisselle d'Uké. Puis, après être descendu, genoux pliés, il fait basculer Uké par-dessus son épaule en tendant les jambes.

Les techniques de hanches : koshi waza

1) Harai goshi

Tori déséquilibre Uké vers l'avant en posant son pied gauche devant les pieds d'Uké et en le tirant de sa main gauche. Son avant-bras droit se place sur la poitrine de Uké.

2) Ko uchi gari

Pour effectuer ce « petit fauchage intérieur », Tori se déplace de biais devant Uké en prenant appui sur son pied gauche tout en poussant Uké de l'avant-bras droit. Tori lance ensuite sa jambe droite entre les jambes d'Uké et place la plante du pied droit derrière le talon droit de Uké. En poussant vers l'avant et le bas, il peut alors faucher la jambe d'Uké au ras du sol.

3) Okuri ashi barai

Tori pousse Uké pour l'amener à se déplacer sur le côté et en profite pour le soulever vers le haut à l'aide de ses mains, la main gauche étant placée sous le coude droit de Uké (A). Au moment où Uké ramène son pied droit vers la gauche, Tori bascule son poids sur sa jambe droite et balaie, avec le dessous de son pied gauche, la jambe droite d'Uké (B). La jambe gauche de Uké est entraînée dans le mouvement, c'est le « balayage des deux pieds ».

Puis Tori pivote sur son pied gauche et plaque Uké contre sa hanche tout en tendant la jambe droite. Celle-ci balaye la jambe droite d'Uké, qui tombe en tournant autour de la cuisse de Tori. Il s'agit d'une « projection de hanche balayée ».

2) Uchi-mata

La « projection par l'intérieur de la cuisse », difficile à maîtriser, est une technique à la fois de hanches et de jambes. Pour amener Uké derrière lui, Tori place son pied droit devant celui d'Uké tout en tournant le haut du corps vers la gauche. Puis il place sa jambe droite contre la cuisse d'Uké par l'intérieur. Il s'en sert comme levier pour soulever Uké et le faire tomber.

En progressant...

À partir de la ceinture bleue, on étudie des techniques assez spectaculaires comme kata guruma, la « roue sur les épaules ». On apprend surtout à maîtriser une nouvelle gamme de techniques sutemi waza qui consistent à sacrifier son équilibre pour mieux entraîner son adversaire au sol.

LES TECHNIQUES AU SOL

L'objectif du combat au sol est d'immobiliser assez longtemps son adversaire afin de réussir *ippon* ou *waza ari*. Pour cela, Tori peut puiser dans le répertoire des techniques de contrôle appelées *osaé komi waza*. Dès la ceinture blanche, les jeunes judoka en étudient les premières variantes. Ils apprennent aussi à se dégager de la prise de l'attaquant. «*Toketa* ! », dira alors l'arbitre pendant une compétition. Cela signifie que l'immobilisation a pris fin : le combat continue.

Les bases du contrôle

Pour que l'arbitre annonce une immobilisation, ou **osaé komi**, l'attaquant doit être placé au-dessus de son adversaire et le maintenir le dos orienté vers le tapis. Il peut se positionner de quatre façons différentes.

1) Contrôle avec et sur les côtes

Tori est assis à côté d'Uké, contre son corps, et tire la manche qu'il tenait lorsqu'il l'a renversé. Son autre main passe sous le bras d'Uké, à plat sur le tatami. **Kuzuré gesa gatamé** en est une variante, l'une des premières que l'on apprend.

La liaison debout-sol

Uké ne tombe pas toujours sur le dos. Il peut arriver sur le sol à plat ventre, à genoux ou même sur les fesses. Et, tandis que le combat se poursuit au sol, il va chercher une position de défense pour éviter que Tori ne l'immobilise. Celui-ci doit alors pratiquer un retournement avant de pouvoir réaliser une technique de contrôle. En voici un exemple.

Dans cet exemple, Uké s'est mis à quatre pattes en position de défense (1). Mais Tori pratique un retournement (2). Uké se retrouve sur le dos (3). Tori va pouvoir réaliser une technique de contrôle (4).

2) Par le travers

Yoko shiho gatamé, « contrôle des quatre coins par le travers », est la technique fondamentale pour ce type de contrôle. Tori est toujours à côté d'Uké, mais en travers de son corps.

3) Par le dessus

Pour réaliser *kami shiho gatamé* (contrôle des quatre coins par le dessus), Tori est placé derrière la tête d'Uké, bien aplati sur le tapis.

4) À cheval

Taté shiho gatamé est la technique de base du « contrôle des quatre coins longitudinalement ». Tori est à cheval sur le corps d'Uké et s'aplatit le plus possible.

Se dégager

Celui qui se retrouve en position inférieure a encore de nombreuses possibilités pour retourner la situation. Il peut, par exemple :

A) rouler sur lui-même pour tourner le ventre vers le tapis ;

B) reprendre le partenaire entre ses jambes ;

C) attraper une jambe du partenaire en ciseaux.

L'abandon

Tori peut contraindre Uké à l'abandon en recourant à une clé ou à un étranglement. Ainsi cloué au tatami, Uké indique qu'il renonce en frappant au sol. L'arbitre peut aussi déclarer *ippon* sans attendre qu'Uké abandonne s'il juge que la technique assure à Tori un contrôle suffisant sur son adversaire.

ACTION-RÉACTION

Lorsque les judokas étudient les techniques, et dans les démonstrations de katas (des enchaînements codifiés des diverses techniques), Uké se laisse faire par Tori. Tout change dès l'instant où l'on passe au combat ! À tout moment, la situation peut se retourner. Il faut dès lors faire preuve d'un grand sens tactique. Chaque action exige une réaction rapide mais réfléchie. Voici un exemple d'évolution de combat. Pour mieux comprendre, les combattants, Arthur et Léo, sont habillés comme dans une compétition nationale ou internationale.

1) Action de Arthur

Arthur (en bleu) attaque Léo (en blanc) par o uchi gari.

2) Esquive de Léo

Léo esquive l'attaque d'Arthur en reculant la jambe attaquée.

4) Défense d'Arthur

Parvenu au sol, Arthur prend une position de défense fréquemment utilisée dans les combats : il se tourne à quatre pattes. Léo ne l'a pas lâché et peut poursuivre le combat au sol.

5) Réaction de Léo

Léo se place face à son adversaire et saisit la ceinture d'Arthur de sa main droite et le bras droit de celui-ci à l'aide de sa main gauche.

6) Victoire de Léo !

Léo peut maintenant contrôler Arthur par le travers, en prenant yoko-shiho-gatamé (voir p.19). Si Arthur ne parvient pas à se dégager de cette immobilisation, c'est gagné pour Léo !

3) Léo contre-attaque

Léo reprend l'initiative en pivotant. Il engage *moroté seoi nagé* (voir aussi p. 16) et parvient à projeter Arthur.

Arthur, qui était au départ l'attaquant (Tori) est devenu celui qui est attaqué (Uké). La situation s'est inversée.

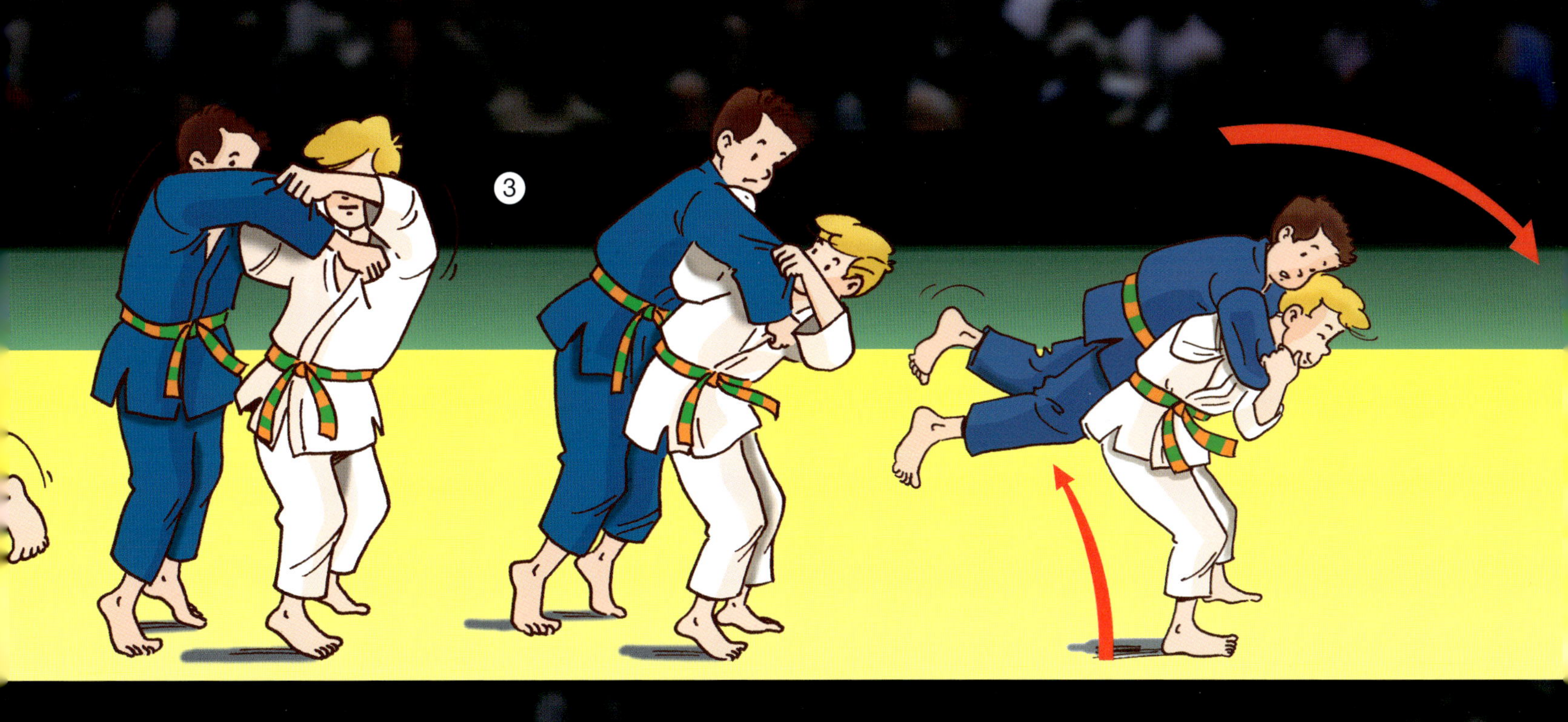

Les katas

Les katas, ou « formes », sont des exercices de style qui exigent une parfaite connaissance des techniques et une grande concentration. Les pratiquants ne combattent pas : ils effectuent une démonstration, faisant succéder attaques et défenses selon un déroulement codifié par Jigoro Kano, le fondateur du judo. Il existe neuf types de katas, dont ceux d'autodéfense et de souplesse.

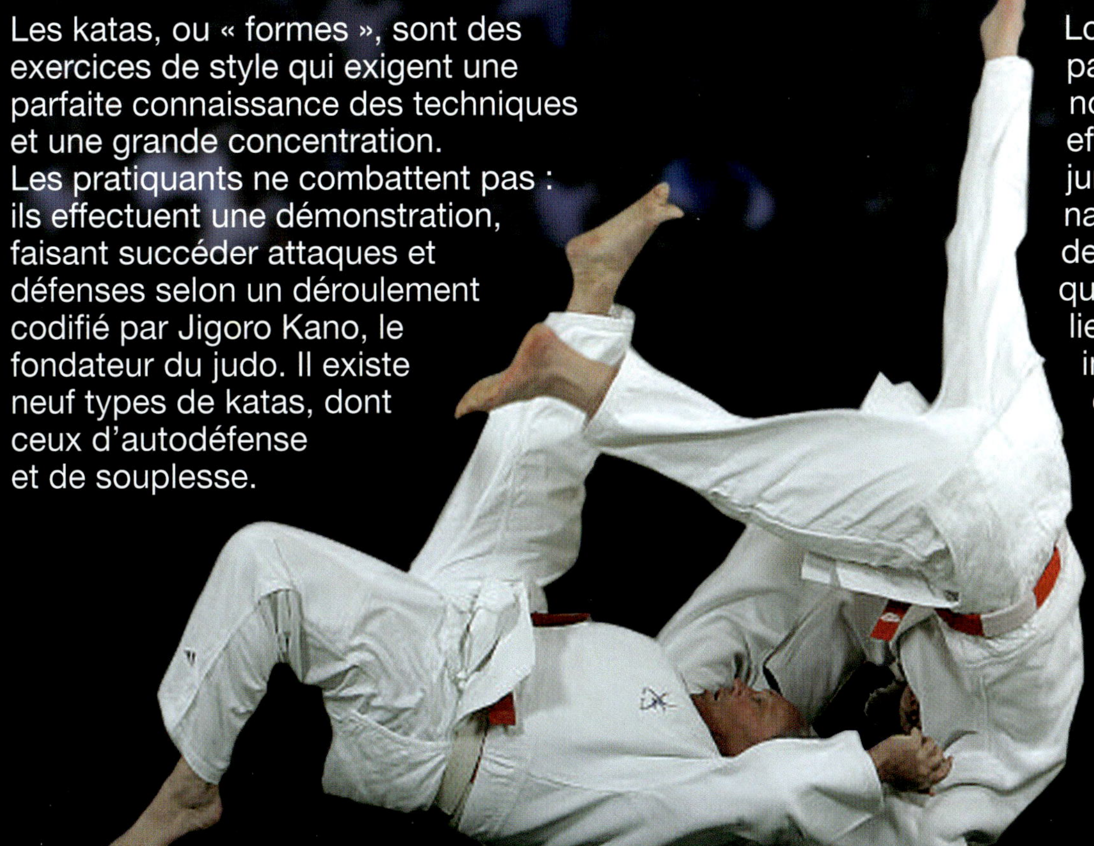

Lors de l'examen de passage de la ceinture noire, le judoka doit effectuer devant un jury trois séries du nagé no kata, le kata des projections. Depuis quelques années ont lieu des compétitions internationales de katas.

LES GRANDES COMPÉTITIONS

Après une première apparition aux Jeux olympiques de 1964, le judo, absent en 1968, est définitivement reconnu comme sport olympique en 1972. Les femmes judokas y sont admises en 1992. Pour tous les sportifs, au judo comme ailleurs, décrocher la médaille d'or aux JO est l'aboutissement de toute une carrière. Mais, avant de pouvoir y prétendre, les judokas doivent disputer de nombreux combats, depuis les premières compétitions interclubs jusqu'aux épreuves internationales.

Les championnats nationaux

On peut être champion de son pays à partir de 14 ans, en participant au championnat cadets. Les seniors ont leur propre championnat national. Il existe en fait trois divisions : les sportifs concourent dans l'une ou l'autre selon leurs résultats de l'année en cours dans les différentes compétitions. Pour chaque division et dans chaque catégorie de poids, une quarantaine de sportifs sont inscrits « au tableau ». Le champion sera le meilleur de tous. Le championnat national par équipes, junior ou senior, fonctionne selon le même principe que le championnat en individuel mais oppose des équipes représentant chacune un club. Une équipe est sélectionnée au sein de chaque ligue pour y participer.

Laëtitia Payet et Émilie Lafont aux championnats de France 2009.

Les catégories de poids

Si certains sports exigent un physique particulier, le judo est accessible à tous les gabarits : on peut être menu ou au contraire plus lourd. Pour que les combats soient néanmoins équitables, les concurrents sont répartis par catégories d'âge, et dans chacune de celles-ci, à partir de la catégorie cadets, par catégories de poids. Celles que nous indiquons ici valent pour les seniors, c'est-à-dire les sportifs de plus de 19 ans.

Hommes (seniors)	Femmes (séniors)
Moins de **60** kg	Moins de **48** kg
Moins de **66** kg	Moins de **52** kg
Moins de **73** kg	Moins de **57** kg
Moins de **81** kg	Moins de **63** kg
Moins de **100** kg	Moins de **78** kg
Plus de **100** kg	Plus de **78** kg

Podium des championnats de France de judo 2009 en individuel, moins de 90 kg. De gauche à droite : N. Brisson, Y. Dafreville, M. Khaldoun, V. Massimino.

À l'échelle d'un continent

L'Asie, l'Europe, l'Afrique et les Amériques ont chacune leur championnat continental. Les judokas qui défendent les couleurs de leur pays sont choisis par un comité de sélection national. Les vainqueurs du championnat national sont retenus mais aussi des sportifs qui ont dominé la saison de compétitions, notamment dans les grands tournois internationaux. Il existe un championnat continental en individuel et un autre par équipes. Chaque équipe représente un pays : elle se compose de sept sportifs, combattant chacun dans une catégorie de poids. Ils sont cinq pour la deuxième division, les juniors et les cadets. La coupe d'Europe des clubs champions de judo oppose des équipes représentant non plus des pays mais des clubs.

Une partie de l'équipe de France féminine 2009.

G. Bonhomme et M. Schendel.

Les championnats du monde

Les meilleurs judokas de chaque continent s'affrontent pour le titre mondial. Le championnat du monde se dispute aussi par équipes de nations.

Une Super Coupe du monde

Les meilleurs judokas de chaque pays disputent au cours de l'année plusieurs tournois internationaux de très haut niveau, en individuel. Ceux-ci comptent pour une Coupe du Monde ou une Super Coupe du monde. Les médailles décernées sont en elles-mêmes très prestigieuses et depuis deux ans s'accompagnent d'une récompense financière. Mais ces épreuves sont aussi considérées comme des tournées de préparation pour les championnats du monde et les Jeux olympiques. Les points obtenus sont d'ailleurs pris en compte pour la qualification à ces compétitions.

Les Jeux olympiques

Le nombre de sportifs représentant une discipline est décidé par le Comité international olympique (CIO). Dans tous les cas, dans chaque catégorie de poids, un seul judoka sera inscrit au tableau des combats olympiques par pays. Les premiers des championnats du monde ayant précédé immédiatement les Jeux olympiques qualifient automatiquement leur pays. Par exemple, si un Français est champion du monde dans la catégorie des plus de 100 kg, il y aura un judoka français en compétition aux JO dans cette même catégorie. Mais ce ne sera pas forcément le champion lui-même, car le comité de sélection nationale peut lui préférer quelqu'un d'autre.

DEVENIR CHAMPION

Même naturellement doué, un judoka doit effectuer un long et difficile parcours, à l'entraînement comme en compétition, pour parvenir au plus haut niveau. Comme dans tous les sports de haut niveau, cela demande une grande motivation. Les jeunes passionnés qui ont envie de devenir de véritables champions et championnes ont la possibilité de conjuguer leurs études et une pratique sportive assidue dès le collège, en intégrant les classes départementales de judo.

La filière haut niveau

Les classes départementales permettent à des collégiens, le plus souvent à partir de la 4e mais parfois dès la 6e, de pratiquer tous les jours le judo. Leurs horaires scolaires sont aménagés. Ces classes forment au pôle « espoirs », au sein desquels les cadets de niveau interrégional peuvent préparer le baccalauréat ou un BEP, et au pôle « France », qui recrute des cadets, juniors et seniors de niveau interrégional et national, poursuivant des études secondaires ou universitaires. Les élèves et étudiants de cette filière haut niveau consacrent deux à quatre heures par jour au sport, entre préparation physique et entraînement proprement dit, tout en ne négligeant pas leur formation scolaire. Il est d'ailleurs nécessaire d'avoir de bons résultats en classe pour intégrer ces établissements.

La ceinture noire

Le passage de la ceinture noire est un peu pour le judoka l'équivalent du baccalauréat. C'est un examen composé de différentes épreuves. On peut s'y présenter à partir de la catégorie minimes, à condition d'être ceinture marron depuis une année. Il existe deux voies pour l'obtenir. La première passe par la compétition : le candidat doit marquer 100 points dans les différentes compétitions ou 44 points en une seule fois. Il subit en plus une épreuve de katas et doit effectuer un stage de commissaire sportif. La seconde voie consiste en une série d'épreuves devant un jury, qui comprend les techniques au sol et debout, le combat, les katas, mais aussi les méthodes d'entraînement et les techniques de ju-jitsu. La réussite confère le premier dan. Il y a dix autres grades supérieurs.

La préparation physique

En plus d'entraînements quotidiens au cours desquels le futur champion travaille les techniques et le combat, une grande part du temps est accordée à la préparation physique. Au programme figurent étirements, course et autres activités renforçant l'endurance comme le cardiotraining ou la pratique du rameur. La préparation comprend aussi de la musculation, au moins deux fois par semaine, afin de développer la force.

Un régime alimentaire stricte

Quel que soit son niveau, une bonne hygiène de vie est primordiale — bien dormir, ne pas fumer… — et surtout une alimentation saine, variée et équilibrée. Au plus haut niveau, le régime alimentaire du judoka est d'autant plus stricte qu'il combat obligatoirement dans une catégorie de poids donné, et ne peut pas en changer au gré de sa fantaisie et de sa gourmandise ! Il doit surveiller son poids, éventuellement maigrir tout en restant en forme. Les graines de champions apprennent donc les règles de la nutrition et un nutritionniste définit ce que doit manger le judoka de haut niveau.

Une étoile montante

Né en 1989, Teddy Riner semble appelé à prendre la suite de David Douillet. Ce jeune colosse de 2,04 m et de 129 kg a été formé au pôle espoirs de Rouen puis à l'Insep de Paris, où est entraînée l'élite nationale. Champion de France cadet et junior, il réussit en 2006, un formidable doublé en devenant à la fois champion d'Europe et champion du monde junior. À peine âgé de 18 ans, il est sélectionné pour participer aux championnats d'Europe seniors à Belgrade, en 2007. Lors de son premier combat, il bat le Japonais Kosei Inoue, champion olympique et triple champion du monde. Mais Teddy Riner reste simple. Il rappelle volontiers que ses parents lui ont inculqué le respect et la modestie.

Lucie Décosse

Teddy Riner

La rage de vaincre !

Lucie Décosse, née en 1981, a suivi la filière haut niveau à Orléans. Championne de France junior en 1999, elle combat en 2000 aux côtés de Marie-Claire Restoux et de Cécile Lebrun, alors les meilleures Françaises, pour donner à la France le titre européen par équipe. Après avoir gagné le tournoi de Paris, en 2001, elle est championne d'Europe en individuel en 2003. Pourtant, elle échoue aux Jeux olympiques d'Athènes l'année suivante. Mais rien ne semble la décourager. En 2005, elle bat en finale la championne olympique Ayumi Tanimoto. Depuis, elle a remporté un titre mondial par équipes, un deuxième titre européen et gagné deux fois au Tournoi de Paris Ile-de-France grand chelem.

La plus titrée

Ryko Tani, 1,46 m, moins de 48 kg, est le judoka le plus titré de tous les temps. En 2009, cette Japonaise détient 7 titres mondiaux et 2 médailles d'or olympiques. Et elle continue de combattre !

GÉANT !

En 1962, pour la première fois, le titre de champion du monde ne revient pas à un Japonais mais à un Européen : le Néerlandais Anton Geesink. Ce géant mesure alors plus de 2 m et pèse 110 kg. Il entretient ses muscles en portant des troncs d'arbres !

Palmarès de rêve !

David Douillet, détenteur d'un titre européen, quatre fois champion du monde, médaille d'or à Atlanta en 1996 puis à nouveau à Sydney en 2000, il est à ce jour le plus célèbre et le plus titré des judokas français.

Invincible

Le Japonais Yasuhiro Yamashita, quand il a cessé de combattre après avoir obtenu la médaille d'or aux JO de Los Angeles en 1984, était l'un des judokas les plus titrés dans le monde. Il était invaincu depuis dix-sept ans.

1951, la totale !

1951 est une année historique pour le judo français : les judokas français raflent toutes les médailles à l'occasion du premier championnat d'Europe.

Jeune championne

À 22 ans, la Française Laëtitia Payet a déjà été trois fois championne de France senior dans la catégorie des moins de 48 kg (2005, 2006, 2008) et une fois championne d'Europe des moins de 23 ans (2005).

Promesses tenues

Le Français Angelo Parisi a obtenu la ceinture noire à l'âge de 15 ans, un an seulement après avoir commencé le judo. En 1972, il sera l'un des deux premiers champions olympiques français, avec Thierry Rey.

Thierry Rey

Champion du monde en 1979, champion olympique en 1980, champion d'Europe en 1983 et deux fois champion de France, Thierry Rey est une grande figure du judo français.

En haut du podium

En 1992, le judo féminin est enfin admis officiellement aux Jeux olympiques. Cécile Nowak, déjà trois fois championne d'Europe et championne du monde, remporte le titre olympique dans la catégorie des moins de 48 kg.

Une année gagnante

L'année où les femmes judokas entrent aux Jeux olympiques (1992) est également une année sacrée pour la Française Catherine Fleury-Vachon, qui triomphe dans la catégorie des moins de 61 kg.

Jeune prodige !

Né en 1989, Teddy Riner pratique le judo depuis l'âge de six ans. Cet impressionnant sportif de 2,04 m et de 129 kg, a déjà remporté trois titres de champion du monde, dont celui de champion toutes catégories en 2008.

TABLE DES MATIÈRES

ISBN : 978-2-215-08895-0

Dépôt légal à la date de parution.
Conforme à la loi n° 49-956 du 16 juillet 1949
sur les publications destinées à la jeunesse.
Imprimé en Italie (08/09).